추정희 시집

당신은 괜찮은가요

추정희 시집

당신은
괜찮은가요

순수

◆ 시인의 말

긴 잠에서 깨어난 매미처럼
웅크린 마음 유랑한 마음
나를 위해 당신을 위해
결핍의 진한 향기 토하여
뜨거운 정열로 다시 시작합니다
비록 부끄러울지라도

차례

- ◆ 시인의 말　　11
- ◆ 해설/허형만　　110

1부
거울 속의 눈물	19
골목길	20
그대의 빈 집	21
난 자리	22
내 이름을 불러 주세요	23
눈물을 만든다	24
떠도는 망부석	25
마지막 인사	26
바다 안개	27
베틀에 앉아	28
벽을 타는 여자	29
별이 쏟아진 그 밤	30
새치	31
서울역 그림자	32
서울이 서울에게	33
세월	34
詩界를 찾아	35
에미를 키운다	36
음성을 듣는다	37
철길	38

	이기적인 것	40
	코로나와 마스크	41
	한 줄기 수액으로	42
	향기에 취해	43
2부	개망초	47
	고무나무와 불편한 진실	48
	괜찮은가요	50
	귀농 가족	51
	그 해 여름 · 1	52
	긍휼	53
	기억 강 너머	54
	꿈 한 조각	55
	나팔꽃	56
	박고지	57
	백석 마당	58
	봄꽃 이야기	59
	봄이 오는 길	60
	빗방울 무늬	61

	빨간 캔 콜라	62
	삼월의 눈	63
	세계 튤립 축제	64
	여름 타는 뻐꾸기	66
	유리 공주	67
	일찍 온 벌	68
	장마의 흔적	69
	차마 어려운	70
	춘분	71
	폭우 속	72
	홍매화	73
3부	가을 손님	77
	가을의 기도	78
	그 해 겨울 · 2	80
	그 해 이야기 · 3	81
	능소화	82
	다른 언어	83
	데이지꽃	84

망향탑	85
매듭달	86
매미	87
바람아 부탁해	88
바톤의 계절	89
변치 않은 유전자	90
봄꽃 진 자리에 가을이	92
새날	93
시 한 줄은 남을까	94
신년의 은혜	95
시내산	96
인체의 순기능	98
이천이십사 년 겨울	100
강물	101
죽서루	102
지구 반대편	104
함박눈이 오늘처럼	106
흰 국화 옆에	108

1부

거울 속의 눈물

풀기 잃은 휑한 눈
검불처럼 가벼워진 몸이
마른 눈물에 걸려 휘청인다
익모초처럼 쓰디쓴
똬리 튼 기억들
귀할 것 하나 없는 남루한 생을
풍차처럼 돌리며 놓지 못한 욕망의 고리
노동으로 땀 밴 등 뒤에서
밥 먹어라
보채시던 어머니
잔 근심 등허리에 두르고
어머니는 어린아이가 되었다
거울 앞에 서서
당신을 닮은 어미가
어머니를 만난다
거울 속의 눈물을 만난다

골목길

길모퉁이 돌다
간 떨어질 뻔했다
희미한 가로등 불빛에 비치는
반짝이는 눈동자
쓰레기통에 앉아 무엇을 줍는다
바람을 줍고 달빛도 줍고
무아지경, 점입가경
헝클어진 긴 머리 사내가 찾던 것이
궁금했다
잃어버린 무엇을 찾으려나
나도 잃어버린 무엇을 찾는다
살아가는 중심의 존재 가치를 뒤적거리나
어디에도 없고
어디서나 있다

그대의 빈 집

허허로운 그대의 뜰에
바람 타고 흐드러지는
장미 향이었으면 좋겠습니다

무수한 고통이 쉬어 갈 이상을 엮은
빈 집이었으면 좋겠습니다

어둠을 휘감고 놓지 않은
그대 가슴에
희망이 도래하는 곳에 닿도록
깊고 푸른 날개를 가진 돛단배였으면
좋겠습니다

목메이게 하는 그대 입술에
떠나지 않은 미소로 끝내 머물기를

긴 밤
당신의 영혼을 포근히 감싸는
그대 빈 집이었음 좋겠습니다

난 자리

열에 들뜬 계절이 날개를 접어
모든 것은 암막 카텐을 내리듯 빛을 잃는다
격렬했던 모기와의 신경전은 막을 내리고
헝겊에 쌓인 계피가루 할 일 없이 대롱대롱
아이들 휩쓸고 간 자리에 청명한 웃음소리
귓가에 낭자하다
허황한 빈 자리에 그리움만 쌓이는
초라한 저녁의 난 자리

내 이름을 불러 주세요

내 이름이 아닙니다
물이 좋아 외진 숲길과 호숫가를 좋아하고
삼지창 같은 잎과 큰 꽃숭어리 하얗게 웃는
수국과 닮았지만 내 이름이 아닙니다

내 이름을 불러 주세요
부처의 곱슬거리는 나발을 닮고
연초록으로 눈을 뜨는, 둥근 형태의
흰빛 웃음으로 소담스럽게 피는 꽃

세상 길 그대로 머물지 않아
약이 귀할 땐 종기에 바른 약초였지요
저는 알을 품지 못한 불임꽃입니다
오직 사랑의 눈짓과 손길로만 사랑하는
결코 외롭지 않은 불두화입니다

불두화
새벽이슬에 목을 축이는 정갈한 목소리로
내 이름을 불러 주세요
당신의 상처에 약초가 되어 드릴게요
인동 넝쿨 냄새가 바람에 스쳐 갑니다

눈물을 만든다

대지는 건조하고 눈이 메말라
눈물을 사서 눈에 넣고
돌연변이 유전자는 가슴을 쳐서
가슴을 위해 가슴을 넣는다

열 식은 하늘을 보며
가슴에 흘릴 눈물을 위해
글을 짓고 영혼의 처소 한 곳 만들어
사랑하고 사랑하여

서로의 한 점 위안을 위해
눈물을 사고 가슴을 사고
어그러진 균열을 위해
뼈를 잇대도

연민을 생성한 뜨거운 것들아
가슴에 흐르고 두 **뺨**을 적셔라
대지의 속박을 끊고 땅을 가르는
씨앗처럼

떠도는 망부석

구름 비 스산한 저녁
차들의 홍수 속을 넘나들며
부유물처럼 떠도는 누더기
황급히 떠나버린
당신을 놓치고 만 세상은 절벽이었다
"이리 와"
햇살 같은 손길의 유혹도
흔들리지 않을 거야
퍼붓는 살 추위에 호수가 얼고
눈물이 얼고 심장이 얼어
망부석이 되어도
코끝을 맴도는 지워지지 않은
당신의 향을 찾아
푸른 하늘을 달릴거야
내 우주를 찾아
나는 유기견

마지막 인사
- 길고양이

가시 같은 꽃샘 건너
기다리던 네가 왔다
눈 감은 채
목소리 향해
시들은 들풀처럼 엎드린
너를 보고 알았어
마지막 인사하러 온 것을
고맙다!
너는 내 가슴에
나는 네 속에 들어가 있었구나
안녕 잘 가라
눈 키스로 인사하던
추운 길을 말없이 걸어온 너
수고했어 잘 가
이제 하늘의 별로 빛나거라
돌아서다 돌아보니 흔적도 없어
내 마음 깊이 너를 묻는다

바다 안개

바다라 했다
아무것도 보이지 않은
하늘을 구름으로 덮고 푸른 물은 안개로 덮은
그의 존재가 흘러온 보이지 않는 눈물을
하염없이 보고 있다

바다라 했다
아무것도 보이지 않은
수없이 휘청대던 시간
단단히 버티던 버겁던 순간을
맨발로 걸어온 수북한 상처와
허물의 자취를 흔적 없이 덮으려

형태도 색채도 없고 헤아릴 수도 없는
크고 넓은 깊이로
바다가 쉬도록

안개 밭에 엎드린 바다를 품고 있다
분명 바다라 했다

베틀에 앉아

오색실로 짠 아름다운 옷이
그리웠다

마녀처럼 독하고 난해하고
천사처럼 순수하고 맑아
검은 상흔의 회환을 맛보며

갈등과 후회가 반복하는 반목의 자리를
마중물로 퍼 올리는 작업이 힘들어
기피했다

아니, 놓지 못해 언저리를 돌 때
누군가 놓고 간 엉킨 실타래 뭉치
가만가만 풀다 가닥이 풀려
날줄을 엮어 씨줄을 넣는 날

풋내 농염한 한 줄의 시어가
이렇게 어여쁜 줄
이제 알았네

벽을 타는 여자

너는 나를 먹어 삼키고
나는 너를 먹어 흡수하면
포만한 욕구로 가득할 텐데

통증 없이 부딪지 않고 닿을 수 있는
염원을 향해 시지프의 가파른 벽을
등반하는 여자

고인 눈물을 벽에 가리고 웃는다
벽이 와서 등허리를 받쳐 준다
기치를 올리는 말간 얼굴

낯선 그녀 안에는
분명 다른 세상이 존재한다

별이 쏟아진 그 밤

창 밖에
별들이 쏟아지고 있었다
다시 우주 멀리 사라진다

가슴 펄럭이던 희망도
손끝에 매달린 슬픔도
밀어내고
죽음처럼 누워
생명의 자궁을 찾는다

새벽이 어둠을 지나올 즈음
멈출 수 없는 심장의 피 돌기

달빛 어린 창가엔
이슬이 가득
날개 어린 세 마리의 비둘기
사근대는 밤

새벽 종소리 울리던 십자가 첨탑 위에
여자가 움켜쥔 건 바람이였다

새치

그대 고단함
흰머리로 솟았나
사랑아!

어디서 길을 잃어
꿈길을 헤매는가

사랑아!
찾아오라
그대의 짚신 한짝

별처럼 반짝이는
새치 한 올에
베인 듯 마음 애리다

서울역 그림자

절망과 희망이 손을 잡고
정오의 빛을 뚫고 지나는 곳

옹골지게 꽈리 튼 황량함이
비굴하게 무릎을 덮고
손을 내민다

음울한 냄새는 폐부를 찌르고
시체처럼 사지를 풀고
빛 속으로 침잠하는 사내

진득하게 베어 나온 정적을
목구멍에 밀어 넣고
시퍼런 하늘을 배회하는
승차하지 못한 사람들

희망을 잡아먹은 그림자가
스멀스멀 기어 나온다

서울이 서울에게

할 말 많은 입
할 말 없는 입
피의자 없는 피해자만 들끓는 도시
그만큼만 하시 게나

조롱과 배신이 난무하고
애드벌룬같이 부풀린 오해가 난무한 도시
자신에겐 관대하나 타인에게 賢人을
강요하는 혓바닥의 폭력

밀려든 홍수에 침몰한 서울이여
잠드소서 잠드소서
정죄할 사람 그 곳엔 없으니

서울을 잡아먹은 서울이
조문도 없는 저녁
울컥 피비린내 풍긴다

세월

한 잔의 독주 같은 시간에
시절 갈아엎고
머리채 휘어 잡힌
낱낱의 하루

긴 기다림의 입 다문 시절
가뭇없이 흘러

정점을 향한 시절의 발꿈치를
헐떡이며 쫓아오나

세월아!
숨 좀 돌리자
오늘의 복판에
내가 서 있다

詩界를 찾아

신이 주신 자궁에서 잉태된 아이가
돌이킬 수 없는 존재 속에서
다시 빚어질 수 없듯
자연과 사물의 경계를 허물어
감성이 빚은 詩界는 열리나
지친 침묵에 스치는 그리움을 잡기 위해
오늘에게 입 맞춘다
결국
하루만큼의 말랑거리는 사랑을
얻기 위한 시간들과 수군거리고
두런대며 길을 나서는 중
詩界를 찾아서

에미를 키운다

움찔거리며 춤추듯
어르던 에미
잠을 겨루다
젖 무덤 헤쳐 놓고
아기에게 잠겼다
에미를 먹고 반짝이는
까만 콩 눈망울
비릿한 젖내를 풍기며
아기는 무수한 에미를
오늘도 키워낸다

음성을 듣는다

우레를 닮은 폭포수
우렁찬 나팔 소리
아득히 또 가까이 확연히 들리네
몸 안인지 몸 밖인지
중력을 거스르는 이탈

물 소리 닮은 깊음이
영혼을 흔들어
감은 눈 속에 열리는
세상 속의 세상

고요가 가라앉은 새벽에 앉아
깃털보다 부드러운 님의 소리
심상에서 듣는다
누구나 듣는
아무도 모르는 첫경험

철길

직선의 길
하늘은 맑고 포근해
사랑의 날이 끝이 없는 줄 알았다
축축한 터널이 어두워 끝을
찾지 못한 줄 알았어

이젠 추억으로 가는 길도 찾을 수 없고
찾을 필요는 더더욱 없다
눈이 먼 희망이 미래를 삼키며
나를 끌고 왔으나
나는 기어이 끝을 보고 말아

어쩌면 이미 알고 있던
만용이던 시절과 타협하는 시간의
이별을 위해
나는 기차처럼 철길을 질주했지

푸른 수목원 옆 끊어진 철길에
기적 소리 드러누운 침목 사이를
가운데 두고 아이의 팔을 올리며 뛰어가는
젊은 부부의 웃음소리

황금빛 끝나는 길을
나는 이미 알고 있으므로
한걸음 한 칸씩 가볍게 뛰니
꽃구름 다정하게 뒤쫓아온다

이기적인 것

갈기를 반짝이며 달리는
거센 입술에
놀란 가슴이 흥분한다
날개를 곤추세운
다스리지 못한 붉은 혀의 춤 사위
너를 뛰어넘은 선
방자한 날개를 꺾자
온순한 샘물이 흐르는
봄처럼 따뜻한 심장을 위해
느려도 좋은
심화되지 않은 온도의 중심에서
평화를 사수하는 선을 세워
귀를 열고
이기적인 옷을 벗는 것
달리는 입술을 조율하는 것뿐

코로나와 마스크

진해의 벚꽃
광양의 매화 싱그럽지만
'보러 오지 마세요'
유채꽃 뭉개진다

여왕처럼 군림하는
뜨거운 코로나에
매달린 우울들

사랑을 허울처럼 두르고
저당 잡힌 집단 이기주의의
부패한 자유여!

관계를 파괴하여 폐부를 공격하며
파생된 바이러스에
스스로 입을 막은 땀방울이

평화의 마중물이 되는 하얀 마스크

한 줄기 수액으로

나는
당신의 가슴에 얹힌 바위였고
허공을 날갯짓 거듭하는
당신의 껍질에서 나온 나비입니다

푸른 밤 빈 골목에
촉각 세워 애물단지 기다리는
당신의 등 뒤에는
엄나무 껍질 같은 삶이 서성입니다

어머니
오늘은 피보다 진한 한 줄기 수액으로
당신의 마른 가슴에 흐르고 싶습니다

향기에 취해

어느 가슴 그리움으로
산기슭에 홀로 섰는가
키 큰 아카시나무

흰나비 무리지어 모여 살듯
하얀 꽃자루 달고
달콤한 향 사뿐히 흔들며
내려왔다 사라지고 다시 오는

지난밤
봄 밤 설친 내 님
꽃잎 누운 자리에
눈물보다 깊은 숨결
뿌려 놓았나

바람에 흩날리는 향기
그대가 되어
세상 가득 그리움으로
출렁이면
그대 속에 나 흠뻑 취하네

2부

개망초

가는 허리 찰랑이며 피어 있는
개망초가 유혹하듯 방글거린다

그를 앞에 두고, 옆에 두고, 뒤 세우며 사잇길 내
볼 비벼 안고 포즈를 취하는 사람들
나비도 벌도 덩달아 신이 나서 이리저리
꽃 속을 넘나들고

여기저기 터지는 셔터 음

주인 없는 묵정밭에 주인 노릇하다 들킨
개 같은 망할 놈의 천덕꾸러기 잡초가

파도 위에 노니는 물새처럼
한껏 멋 부린 주인공은 개망초

배고픈 시절 어린 망초 대 나물로 무쳐 먹던
모질던 바람의 스킨쉽

개망초의 여름이 눈부시다

고무나무와 불편한 진실

지난해 봄
대로 안쪽으로 치킨집이 들어서고
오토바이 두어 대 서 있는 가게 앞에
뱅갈고무나무 번창의 리본 달고
푸른 팔 높이 들고 의젓하게 서 있었어
그 앞을 오갈 땐 내 눈은 늘 그곳에 머물렀어
어느 날인가 줄기가 한 가지씩 뜯기더니
서너 달 지나서는 아예 벌거벗은 몸통만
덩그렇게 망연자실 서 있었어

장마가 쉬어 가는 늦은 오후 공원 아래
잡동사니 물건과 가지치기한
고무나무가 널브러져 있어
가지 하나 주우려다 그만 두고 말았어
문득 지난봄 치킨집 고무나무
생각이 떠올랐기 때문에

나는 왜 뱅갈고무나무 한 가지씩 사라질 때마다
가슴에 구멍이 난 듯 쓰렸을까!
무엇을 지키고 싶었을까
애착, 상실감, 허탈일지 모를

튼실한 예쁜 가지 한 줄기 꺾어오지 못한
아쉬움의 불편한 심기였을지 모를

놓고 싶지 않아 잃고 싶지 않던
누군가의 사랑이 투영된 것일지도 모를

창 밖은 시원한 장대비가 쏟아진다

괜찮은가요

날 잊지 말아요
나의 첫 울음과 함께한 계절을
당신이 씌워 준 클로버 화관과
눈 덮인 인절미의 귀여운 모습을
하얀 꽃에 노란 수술 품은 남천의
전화위복의 꽃말을
코끝을 간질이던 유채꽃 향기와
꽃밭을 뒹굴던 솜털 같은 부드러운 가슴을
우리 사랑 영원할 줄 알았어요
이별이 무엇인지, 아픔이 무엇인지
꿈에도 몰랐어요
낯선 햇살에 찔려 화상을 입고
푸른 달빛에 온몸을 베어도
보고픈 마음 견딜 수 없어
창살 너머 달빛 속을 달려갑니다
당신의 눈은 눈물에 젖어 있네요
내 마음 당신에 묶여 있고
내 고향은 영원히 당신이니까
날 잊지 말아요
당신은 괜찮은가요

귀농 가족

운무 걷힌 산기슭
가을볕 앉은 곳에
가슴만큼 내어 준 터를 잡고 호박꽃 피었다
꽃 피고 진 줄기 끝에 매달린 푸른 쌍둥이
애기 호박 두 개
앳되고 귀엽기도 하지
둘러보니
가을 빛에 수줍게 앉은 노오란 맷돌호박
젊고 예쁘기도 하다
그 위를 흰나비 한 마리
요리조리 너울거리는
조촐한 호박 가족이
성큼 내 앞으로 왔다
아마 귀농 하신 듯
서로 인사는 해야지

그 해 여름 · 1

작열하던 불볕
구름처럼 먼지 꽃 피었다
거센 손이 움켜잡고 놓지 않았다
덫에 걸린 고라니처럼 바둥거렸다
울퉁불퉁 비틀거리며
엄마를 삼킨 버스가 간다
엄마가 간다
다섯 살의 여름이었다

긍휼

봄의 온기로 평화로운 날
고요를 가장한 광기가
마스크 위를 덮친다
사람의 심장을 뜯어먹는 바이러스에
어둠을 휘감은 슬픔이
침묵으로 휘청거린
사월의 바티칸 광장에 비가 내린다
자고 한 우리를 고치소서
긍휼히 여기소서
늙은 사제의 어깨 위에
통증보다 깊은 눈물이 흐르고 있다

기억 강 너머

햇볕 뜨거운 멍석에 노란 기장 널리고
장대 쥔 손이 어린 병정 같았다
울타리엔 웃음 핀 무궁화, 그 옆
설익은 탱자는 시큼한 숨을 내뿜고
오동나무에 앉은 매미는 짝을 찾는 새들과
화음 맞춰 목청껏 노래를 뽐내는 팔월에
아이의 정신은 온통 팔려 있었지
불똥이 번쩍!
빨간 피가 아이의 볼을 타고 흐르고
놀란 참새와 닭들은 푸르르
도망가다 다시 돌아와
힐끗대며 기장을 쪼아 먹고
젊은 아낙의 떨리는 손이
아이의 이마에 된장을 붙였지
오동나무에 앉은 매미 소리 비명처럼
요란하던 여름 한복판
아이야! 푸른 강 저편에 아스라이 묻었던
녹슨 기억을 누군가 만지고 있다
젊은 아낙도 없는 먼 이야기를

꿈 한 조각

기차역 앞
창백한 얼굴에 붉은 눈시울의 소년
던지듯 안겨 주고 뛰어가 버린 열여섯의 소년
앨범 첫 장에
나의 벗 나의 사랑
눈부신 윤슬의 투영인가
깊은 퇴적에 잠든 기억 한 조각
깜짝 소환되었다
풋과일 같은 시큼한 고백에
석류처럼 벌어졌던 가슴이
들꽃 향 닮은 순수가 깨어나는
한강을 지나며
한여름 밤의 나비처럼 꿈을 꾸었다

나팔꽃

어쩌다 그곳에 꽃을 피웠니
낙엽 쌓인 척박한 곳에

살풋이 너를 안아 흰 종이에 옮긴다
철 지난 어린 꽃 한 송이 가슴에 품고
꾹꾹 눌러 수를 놓는다

너랑 나랑
시들지 않은 언어로 집을 지어
영원한 생명의 꽃 피어 보자

외딴길 모퉁이에 홀로
나팔 부는 나팔꽃 한 송이

박고지

땀방울 걷어간 處暑 지나고
박고지, 호박고지, 가지와 연근과 생선을
잘 마르도록 그믐지 안들게 펼치시다
혼자 읊조리던 소리
팔월에 영글어야 시월에 열매가 맺힐낀데
이것 저것 가레다가는 암것도 모한다
궁시렁대시던 소리
맏자석이 가야 아랫자석들 보낼낀데
박고지 소쿠리에 펴놓으며 추석 정과 준비하시던
딸 다섯 어무이 속 터지는 소리
팔월에 혼사가 익어
시월 추수 때쯤 혼인 결실이 맺혀지길 바라시는
어머니의 근심이 밤처럼 익어가던 그때를
한가위 달 속에서 풀벌레 소리와 함께
꺼내 보는 박고지 이야기

백석 마당

오월의 울타리에
넝쿨장미 만발하여
봄처럼 아이들 놀고 있었다

여름을 잇대 가을이 오고
낙엽 휘도는 둥지에 텃새로 남아
젊은 날의 손거울을 닦고 있는 사람들

지금은 소리 죽인 회환에
추억 끝에 서 있는 등 굽은 사연들

'젊음은 잠깐이더라'
라일락 향내 풍기는
청년이 지나간다

따뜻한 군불 한 줌
그리운 백석 마당에
바람 비가 내린다

봄꽃 이야기

살다 보니 귀가 열려 꽃들의 소리 듣는다

겨우내 모은 햇빛
몸 끝에서 끌어 올린 진액을
에너지로 빚어
정열로 꽃 피운 매화가
고혹적인 얼굴로 문을 열면
요염한 여인의 웃음처럼
가슴 여는 목련

매화 목련 개나리 벚꽃 산수유
잎보다 먼저
봄보다 먼저
앞다투어 꽃 피운다
아름다운 봄의 길목에서
들리는 봄꽃들의 이야기

살아 있는 존재가 모두 꽃이다
향기로 말한다

봄이 오는 길

기울어진 겨울 끝의 나른한 오후
베란다 한 켠에 밀쳐둔 마늘을 꺼냈다
탄력 잃은 살 피한 몸에
솟구친 푸른 생성의 소리
썩어야 사는 순리 앞에
꼬리 감춘 욕망이 부끄럽다
문득
싹트고 싶은 꿈틀대는 반란
알싸한 통증이 명치에 머무는
봄을 여는 창가에
끓어오른 사랑 하나
초록의 봄이 열린다

빗방울 무늬

바람에 설레고 흔들리며
흩어지고 모아지는 빗속을 걷다
동글동글 퍼지는 원을 만났다

백일 아기의 웃음 같은 몽글거리는
작은 원 속에
부드럽고 투명한 고운 무늬

수많은 언어를 가진
칠월 장마의 틈에만
존재하고 눈감으면 사라지고

눈 맞추면 보이는 비밀스러운
장마의 초대에
깜짝 초대된 순간

바람의 운율에 맞춰
쏟아지는 폭죽에
배롱나무와 느티나무
어우러져 한껏 흥겹다

빨간 캔 콜라

겨울의 끝자락을 뭉개고 있었다
거북했던 속이 달큰하고 환하다

빗방울에 매달려 눈 뜬 매화
진눈깨비에 놀라 진한 향을 뿜을 때
늙은 가로수에 이는 바람 소리
가지 마디에 부딪치는 신음 소리

약국에서 파스와 테이핑 테잎을 사서
장롱에 붙여진 빨간 압류 딱지처럼
덕지덕지 붙인다

내 생을 저당 잡은 분 누구신가

더부룩한 일상에 시원한 콜라 한 캔
붉은 신호 깜박이며 위험하게 넘어간다

삼월의 눈

계절 마디에 매달린 그리움이
어느 숲 빈 들 헤매다
이제 오는 가

둠벙에 내리는 빗소리처럼
추억을 흔들며 눈으로 오는가

이루지 못한 사랑
눈물처럼 녹아서 내려오는
삼월의 눈꽃

세계 튤립 축제

떨어진 꽃잎을 밟고
꽃길을 걸으며
꽃 보러 왔다

겹벚꽃, 루피너스, 무스카리, 양귀비, 라일락
형형색색의 튤립은 왕관을 쓴 듯
고고한 자태로 은은한 자태로 사랑을 속삭이며
질투도 하고
우정과 실연의 아픔에 젖기도 하며
다시 영원한 사랑을 소망하고

내려보고 올려보고 이쪽 저쪽 살펴
줄 맞추고 열 맞춰
꽃이 사람을 보는지, 사람이 꽃을 보는지
서로 다른 모습의 서로를 보고

청색 옷을 두른 푸른빛 자바 공작 한 쌍 앉아
날개를 펼까 말까 눈치 보며 망설이다
보석같이 수놓은 허리 깃털, 휘날리며 찬란하게
펼치는 수컷의 기상, 위풍당당하다

햇볕은 뜨겁게 여름이라 하고
망울 터트리는 꽃이 아직 봄이라 하는
사람보다 먼저 다문화 꽃들이 어우러져
하루가 온통 떠들썩한 봄으로 무르익고 있었다

여름 타는 뻐꾸기

찰방한 논 가에 우렁이 기어가면
푸른 들판 출렁인다
앞산 뻐꾸기
허기진 꽁보리밥 숫돌에 갈아
망태에 땡볕 넣고 꼴 베러 가네
새벽 수 잠에
스치던 얼굴 더듬다
설핏한 낮 날에 검지가 우네
누이가 붙여준 짓이긴 쑥도
파닥이는 가슴이 섧고
논두렁을 에워싼 어미 찾는
목쉰 뻐꾸기
여름을 타네

유리 공주

감전된 듯 떨리는 폰의
수신음에 가슴 떨었다

은행잎 날리는 거리에
구름이 먹다 만 달빛이
쫓아와 창백한 얼굴을 내민다

허기진 날을 걸어온
기 센 눈매와 격정의 입술이
힘을 잃고

눈 덮힌 처마에 걸친
어린 새의 깃털처럼 가냘픈
당신을 유리 공주라 부른다

일찍 온 벌

햇살 냄새 퍼지는
이월 아침
윙윙 소리 들려와
홈 키퍼 발사했다
창문을 부딪치는
바둥대는 날갯짓
잦아든다
여물지 못한 길 잃은 봄
풍요의 상징을 보낸
불편한 상실에
하루가 온통
뭉개진 꽃잎 냄새로
가득했다

장마의 흔적

오른쪽 앞발을 절뚝이며
한쪽으로 가라앉을 듯한 개 한 마리
감나무밭으로 들어간다
철거된 그 집은 양철지붕이던가
사십여 일의 장마가 훑고 간 자리
핏물 같은 녹슨 양철지붕에
흐르는 피가 흥건하다
구멍 뚫린 지붕에
발 디딜 곳 찾지 못해
지붕 아래로 툭툭 떨어진다
머리 위에서 울부짖으며 떨어지는 소
기중기에 들려 내려지고
차오른 물이 둑을 끊으며 흙을 잡아먹고
소들을 잡아먹고 낳은 산더미 같은 무덤은
사람이 덥힌 지구가 낳은 흔적이다

차마 어려운

서른다섯
봄날이 지날 때
바람 날개가 그를 치므로
눈덩이처럼 부풀은 기다림이
쓴 뿌리를 내렸다

양귀비도 듣지 않을 통증이
소멸로 거듭한 생명
이 또한 교만인 것을
스쳐간 영혼의 상처로는
다른 생을 사랑할 수 없어

유기한 사랑을 바람에 묻고
차마 어려운 단내나는 가슴에
아침햇살 한 웅큼 바라
오늘도 젖은 밤을 까무룩 지샌다
서른다섯의 사랑을 위하여

춘분

나풀나풀
나비의 몸에서 초록 내 물씬
첫 나들이인가
꽃봉오리 싹 틔우기 좋은 날
작은 너의 몸짓에 마음 설렌다
진화하지 못해 땅 속에서 사산한
이름 없는 생명처럼 잠자던 너
털복숭이 애벌레로 풀섶 그늘에 숨어
꿈틀대던 변천을 거듭한 너를 보고
하루 온통 설렜다
춘분에 흰나비 훨훨
초록 내 물씬
첫 나들이인가 보다

폭우 속

빗줄기에 어둠을 물고 온 까마귀
발아하지 못한 씨앗을 물고 개 헤엄치며 온다

바닥을 핥던 슬픔이 발정 난 짐승처럼
모래 가슴에 파고 들어
눌러붙은 어그러진 입자를 진자처럼 흔든다

딱딱히 굳은 것들이 물렁해 지고
우산 속에 후여후여 새 몰이 소리
우산 위에 후두두두 새 날아가는 소리

폭우 속에 날아가는 시원한 소리 들린다

홍매화

안개비 내려
야윈 나무 가지에 젖을 물리면
서성이던 함박눈 강보를 펼쳐
홍매화 태어난다

향기 터지는 붉은 미소의 향연
일렁이는 그리움의 신비는
봄의 첫사랑

그 짧은 사랑을 쫓아
섧지 않은 그리움으로
온통 너를 봄으로 채워야겠다

3부

가을 손님

푸른 낮달 비칠 때
두 손 받쳐 보내 드렸는데

갈바람에 들떠 배웅했을까
갈잎에 취해 마중 나왔나
발길 따라 온 손님

고즈넉한 밤이 적막에 잠기면
달과 별과 소슬바람에 실려 온 네 노래
낭만으로 곱게 물들어

여린 네 사랑 심연에 젖어
고이 보내 준 이별이 아쉬워
내 품을 파고들었나

마지막 집 골목을 찾아온 노래
한 가을 스러져 간 울음인가
가을에 온 손님
내가 가을인 줄 알았나 보다

가을의 기도

낙엽 타는 냄새가 짙을 때
갈잎 태우신 이 누구세요
파릇이 눈떠 삐죽하게 내민 잎새로
꽃 향기 나부끼게 하신 이 누군가요
산과 들 신록과 아울러 끝없는 수평선
푸른 바다의 너울진 흰 물결 위에
갈매기 노닐게 하신 이 누구신가요
비와 바람과 햇빛으로 생명을 키워
싹이 꽃이 되고 나무가 되어
수많은 열매를 맺게 하신 이 누구시며
세상 온통 물감을 뿌려 아름다운
수채화를 그리신 이 누군가요
흩어진 낙엽을 모아 이불을 짓고
함박눈으로 포근히 땅을 감싸안아
혹한의 긴 겨울을 나게 하신 섬세하신 분
길고 깊은 적요의 시간에 홀로 있게 마시고
나와 함께하셔서 고요한 중에 세밀하게
내면의 나 보게 하소서
타성에 젖지 않은 이웃에게 말고
나에게 적용하는 눈이 열리고
모든 일에 감사하는 입술이게 하소서

갈잎 태우시는 분
지금 여기 계신가요
이 가을 기도합니다

그 해 겨울 · 2

부지깽이 휘적휘적 휘저어
쇠죽을 끓인다
눈을 찌른 연기에
시뻘건 불이 춤추었다
축축한 가랑이 말리다
앗 뜨거워
개구리처럼 뛰었다
여물 씹던 누렁 소 글썽이던 날
그 해 겨울이었다

그 해 이야기 · 3

그만 놓아라
붙들지 말고
허기진 자아가 남루하게 펄럭이는
먼지꽃 신작로를 떠도는
반백의 아이의
잊을 수 없는 그 해 이야기
버스가 간다
엄마가 간다

능소화

약속처럼 헤어졌다
소식도 없던 그의 거나한 얼굴이
무심히 돌아와
담장에 기대어 있다

멀리서도 다가오게 하는
그의 다감한 얼굴
속절없는 달콤한 분노가
저편에서 젖어오면

시간에 갇힌
그리움이
불꽃처럼 타오르고

석양에 비친
다홍빛 그의 모습에
속없이 또 설레고 있다

다른 언어

이상하다
꺅꺅거릴 줄 알았던 까치
끼익 끼익 울면서 날아갔다
임 부르는 소리인지
몰랐다
아프고 힘들다는 말
좋고 싫다는 말도
신체의 모든 언어로 표현했지만
손잡아 주지 못해
돌아선 마음 얼마나 무거웠을지
몰랐다
외롭고 상처받아 속상했을 마음
얼마나 방황했을지
괜찮다 수고했다
말할 걸
안개 덮힌 마음이 헤아릴 줄
몰랐다
얼마나 많은 시간이 흘러야 네 언어를
통역할 수 있을까
겨울나무같이 비인 나

데이지꽃

하루만이라도
천진난만한 눈으로
세상을 볼 수 있으면
매일 웃음 짓는 날이겠지

자신을 부인하지 못한
시들지 않은 욕망이
욕망하는 곳에 심겨
시들지 않은 영원의 꽃이길 원하지

봄의 들판에서 하늘 연 달까지
태양의 눈으로 하얗게 웃음 피는
평화를 닮은 데이지꽃을
닮고 싶다

망향탑

영월군 남한강 상류
산 넘어 넘어가는
까치 놀에 물든 강은
님의 눈물이고
바람칼 부는 두려움은
층암절벽이었네

님 잃고
영이별 다리 건너
망자처럼 주저앉은
울음조차 사치인 날
님 쉴 곳은
청령포 작은 섬

부서진 사랑을
막돌 위에 막돌로
켜켜이 쌓은 망향탑은

높새바람 오열하며
동서로 갈라진 소나무에
상복 입은 두견새가 우는
청령포 작은 섬이네

매듭달

구멍이 났을까
바람이 인다
누구도 되돌릴 수 없는
예정된 이별
사위어간 내 사랑
벌거벗고 물밑에 누웠나
바라봄의 시간표
여전히 흐르니
허허로운 마음
푸른 달빛에 앉아
물갈기*로 매듭짓고
길 채비하는 달

*멀리서 흰 거품을 일으키며 밀려오는 물결

매미

나의 집 나를 키운 어미는
나무 뿌리의 이슬과 수액이었다

칠 년의 어둠터널 지나 나무를 의지해
허물을 털고 바람에 몸을 말리며
숲 사이에 퍼지는 작은 햇살로 날개를 펼치면
팽창해진 가슴에서 터지는 우렁찬 울음소리

울음은 맹렬한 구애의 음률이 되어
사랑의 편지와 그리움으로 온밤을 지새워
당신이 극성스럽다 말할지라도
내 짧은 사랑의 열정이요 애달픔이라오

목쉰 내 노래 빗속에 녹아
생의 끝을 당신에게 들킬지라도
사랑을 위해 오겠소
섧지 않은 또 다른

여름의 존재로

바람아 부탁해

먼지 날아간다
한 손으로 탁
다시 한 손으로
달아나듯 도망치듯
먼지가 살아 있어
강아지 털인지 스웨터 먼지인지
일어서서 두 손으로 탁탁
허공을 맴돌던 먼지
기어이 집고 말았다
옷을 물고 왔을까
모자에 얹혀 왔을까
알 수 없지만
사랑 떠나 외로이 떠도는 민들레 홀씨
창문을 열어 후 불며
바람에게 부탁했다
모질고 외지고 척박한 곳 말고
사랑이 곱게 키워질 곳으로
데려가 달라고

바톤의 계절

가로수 길에
샛노랗고 붉그스레 흐릿한
갈잎들이 바스스
몸을 비우며 스스로 눕는다
낙엽 위에 낙엽들 쌓이고
흩날리는 낙엽 위를
떠나가는 계절 조문하듯
흐느끼는 비가 주룩주룩 오신다
가을 끝자락과 첫겨울의
바톤의 계절
사랑 끝에 옷깃 여며
곧추세운 마음 추스르자
바람 들지 않도록
풋냄새 한창인 시절도 있으니
그리움은 그림자인 듯
흐르기만 하여라

변치 않은 유전자

그는 여전하지 않았고
그리고 여전하였다
후회나 허무도 아닌
충만한 자기애로 아쉬움을 깔고 앉은 그와
한때는 육체의 교집합을 이루던 그녀가
서로 다른 방향을 보고 있다

가을 햇살이 스치듯 창을 밀고 와 부드럽게
그들의 어깨를 어루만지고
노란 은행잎이 팔랑팔랑 춤추듯이 내렸다
다툼이나 어긋남의 요동이 필요 없는 침묵이
간혹 잔기침을 할 뿐
아직 덜어내지 못한 무엇이 있는지

두 사람 곁으로 갈무리할 시간이 흐르고
각기 다른 생각에 잠겼던 사이
흘러간 팝송 예스터데이가 끼어들었다
그녀는 간질거리는 귀를 털며
갈게, 하고 일어서자
알 듯 모를 웃음기를 흘리던
입이 움직였다

아듀
왈칵 무언가 치밀었다 사라졌다
변하지 않은 그를 보며
변하지 않은 그녀는 전율하듯
돌아서며 웃는다

봄꽃 진 자리에 가을이

봄꽃 진 자리에
여름을 추월한 가을 한 잎
붉게 누웠습니다

아니 아니 어쩌면
당신의 세포 하나하나가
맹렬한 여름이었을지도

당신에게서
가을 장미 냄새가 납니다
계절의 구름 사이 소나기 속에도

오색 무지개처럼 비추이는 햇살이
당신의 깊은 겨울까지
감싸주었음 좋겠습니다
봄처럼

봄꽃 진 그 자리에
팔랑이며 떨어지는
가을이 휙이휙이 지나고 있습니다

새날

한 해의 끄트머리 어둠 강 건너
해오름의 단추 푸르게 열린
새날이 밝았다
내가 드나들던 그곳은 이제 아무 상관이 없다
아니 있겠다
표출하지 못한 분노도 있고
상처로 남고 그리움으로 앉아
나를 외계인처럼 본다
그럴지라도
이미 나는 새날을 타고 있다
지난 시간은 나를 지휘하지 못하고
어둠에 들어간 악을 행하는 자들은
광포가 빛을 가려 잠시 껄끄러운 관계를
유지할 지라도 상관하지 않겠다
어둠은 그들의 몫이므로
나를 받아준 날이 내 것이며
내 것은 새날이기에
지평을 개척하는 소원이 되고
균열을 잇댈 에너지로 가동하여
어둠을 밝히는 빛으로 가자
푸른 비늘의 지혜로운 뱀처럼
乙巳年이 내게로 왔다

시 한 줄은 남을까

청명한 하늘이 불러
가을이 피는 정원에 왔다
길섶엔 강아지풀 한들한들
잉어 떼 굼실대는 호수의 정취에
둘러앉은 사랑은 국화 향처럼 퍼지고
땅강아지 입에 문 까치는
청색 꼬리 까딱까딱
쑥부쟁이 씨앗 날리는 숨소리에
굴참나무로 재빨리 몸을 숨긴 다람쥐
이름도 서넛인 평화공원에 천하대장군 서 있다
청명한 맘 하늘 설핏 묻는 말
나의 나무야 네 열매는 무엇이냐?
부끄러운 시 한 줄은 남을까!
천하대장군 장승 옆 그늘에
열 적은 장승 하나 슬쩍 추가된
하늘 정원에
희망이 입 맞추는 웨딩이 있고
핑크뮬리 흔드는 가을이
붉게 익어가고 있다

신년의 은혜

자정의 은혜가 왔다
삼백육십다섯의 백지수표

들뜬 마음과 설렘은 잠시
숙성되지 못한 묵은 냄새가
목울대를 치고 수면에 떠오른다

의식 없이 버려진 숲
어제와 오늘이 다를 것 없는 반목의 자리에서

거부당한 삶의 시신들이 사장되어
태어난 갑진년
삼백육십다섯의 백지의 은혜가
처음처럼 꿈꾼다

시내산

이집트의 세인트 캐더린시 근교
새벽 두 시 베이스캠프를 떠나 집결된 장소에는
중년이 지나 보이는 베두인과 낙타가 있었다
무릎을 꿇고 앉아 있는 낙타의 등에 오르자
베두인이 앳된 소년에게 고삐를 넘기고

칠흑 같은 어둠의 가파른 돌산을
푸른 별빛과 렌턴 불빛에 의지해 오른다
머뭇거리는 낙타의 엉덩이를 가볍게 채근하는
낙타와 소년 그리고 나

정상의 칠백 계단 앞에서 낙타는 멈추고
점차 밝아 오는 동녘 하늘에 나대기 시작한 심장이
붉게 달아오르는 여명에 넋 놓은 순간
장엄하고 커다란 불덩이 하나 쑥 솟구쳐 깜짝
당신인가 하였다

한낮처럼 환한 시내산을 미끄러지듯 내려와
모세를 부르신 카타리나 수도원에 들어서자
네가 밟은 땅은 거룩하니 네 신을 벗으라
심상에 들리듯

그늘진 뒤안에 앉아
세상 길 돌아 때묻은 신발을
나는 벗고 있었다

인체의 순기능

소장을 잘라 냈다
얼마나 어둠이 깊어야
얼마나 고통이 지속되야
얼마나 순환되지 않아야 악순환인지
화내고 울고 웃으며 곤하여 자는
순리대로 사는 것이 순기능인지
거슬리는 것 인내하고
기인 숨결로 가슴 채우는
죽음보다 더 막막한 순간이 쌓이면
역기능이겠지

퇴원하는 날
찬란하게 쏟아지는 아침 햇살에
깊은 늪에서 깨어난
그녀의 핼쑥한 얼굴은 눈부셨다
면도한 남자의 얼굴이 말갛다
언제부턴가 권위와 아집의 거름으로
생성된 수염

흔들리는 그녀의 위기에
목숨도 아깝지 않다 울던 남자

믿었다 믿고 싶었다
따뜻한 순기능이 흐르고
남자의 턱엔 푸른 안개 같은 것이 돌다가
그늘 같은 어두운 곳에
까만 변천사를 이루며 외로이 자리 잡는다
눈물을 담은 그녀의 눈과 그 남자는
순기능과 역기능을 버무리며
오늘을 살아간다

이천이십사 년 겨울

혹한의 푸른 달
회오리 바람 같은 날
길 잃은 분노와 애끓는 공허가
떠도는 분향소에
눈물 꽃 핀다

받쳐 주던 존재의 육체
해체된 영원으로 옮겨진 자리에
착륙하지 못한 님을 향한
곡성哭聲으로 줄지은 흰 국화

님이여!
우리 다시 별의 심장에서
봄엔 꽃비로 목마른 여름의 단비로
파란 하늘 드높을 불타는 단풍으로 만나
새 소리보다 더 맑은 향기로운 노래 부르자

국제공항 합동분양소에
님의 숨결 미치지 못한 목메이는 진눈깨비
그리움으로 오시더니
기어이 하늘마저 울어
넋 나간 반려견 한 마리 외로이 떠돈다

강물

누구의 가슴에도 스며들지 못한
물이 모여 흐른다
누군가의 가슴에 크고 작은
옹이들이 비를 맞고 홍수에 떠밀려
강물과 하나되어 흐르거나
오직 여과되지 못한 걸림돌이 되어
무덤 건너편처럼
강물을 안고 바위에 앉아 있거나
긴 침묵 속에 자신을 가둬 두고
강줄기 따라 무작정 걷는다
강물은 먼 세월을 흐르며
상처입은 시간과
결핍이 만든 절망에도
옹이진 가슴을
환등같은 빛으로
푸른 젖줄 입에 물려
무수한 생명을 키우고
말없이 바다로 흘러간다

죽서루

삼척의 관동팔경 제일 루
동쪽의 죽임 사이
오색 다채로운 색채의 단청과
살짝 치뜬 겹처마 지붕 끝이
곡선도 향기롭다

바위와 절벽을 깎은
높고 낮은 자연 암석을 초석으로
기둥을 세운 누각의 자유함
높고 낮은 관습의 차이를 넘고자 한
선진들의 은밀한 갈망을 보네

죽서루 언저리에 굽 도는 오십천
달밤이 아니어도
뱃놀이 풍악이 들리듯
회화나무와 향나무의 향기가
바람에 실려 오더라

강 건너
모새 울음 사각대면
절벽에 머무는 구름은

수심 깊은 곳에 거꾸로 서서
吳竹의 이슬 머금은 학이 되고

서루에 앉은 진주부 병부시랑 이승휴
현판의 운에 차운하여
죽서루 향연에 그대를 초대하니
우뚝이 솟은 누각에 앉아
관동제일루의 절경을 함께 본 것 같더라

지구 반대편

끝없는 어둠의 바다를 건너온 것 같았다
구름 위에 떠오른 눈부신 해의 마중으로
남아공 요하네스 공항을 거쳐 경비행기로
피터마르츠버그에 도착했다

멀리 눈에 들어온 것은
테이블 마운틴
웅장하고 거대한 평평하고 평온한 산
아! 태초의 신들의 식탁인가

크루거 사파리 국립공원의
목 긴 기린과 얼룩말 외
큰 야생동물들이 멋있고 신기해
손이라도 내밀어 다독여 주고픈 맘은
왠지 미안한 생각이 들었기 때문일까

푸른 비취색 더반 해안의
떼지은 돌고래가 우리를 환영해 주듯
장난스러운 수중 쇼를 펼친다
우아 탄성이 터졌다

그녀가 웃는다
역사의 충돌로 다양한 문화의
공존 속에 식민지로 생존해 온 줄루족
기꺼이 빗장을 제쳐 자신을 보여 준 그녀
남아프리카의 전설 같은 천혜 환경이
아무리 아름다워도
흑진주의 하얀 웃음과
그녀의 인사를 잊을 수 없다

"사우보나" 나는 당신을 봅니다

함박눈이 오늘처럼

첫사랑처럼 가슴 뛰었다
어둠 속에 하얀 눈 내리는 날
붉은 꽃처럼 네가 왔다

미안하다
태가 열려 자궁이 너를 키운 것이
무수한 고통과 괴로운 시절이
너를 키운 것이
거칠고 척박한 땅에 허락 없이
너를 초대한 것이

날아가라
깃털처럼 훨훨
슬픔이 무엇인지 까맣게 잊고
네 깊음을 채워 줄 시들지 않은
은혜로 날아가라

살아가라
이렇게 함박눈 펄얼펄
오늘처럼 내리는 날
흰제비꽃처럼 네가 왔다

네 밟은 땅 다 네 것이니
두 발로 우뚝 서 살아가라
하늘이 사랑하는 아이야

흰 국화 옆에

희끗희끗 눈발 날리는 날
그가 웃고 있다
그 아래로 상주 대신
흰 국화 무리

다만 재 항아리 속의
꺼질듯한 향 냄새가 피어오를 뿐
그가 못내 서운해 할 지인에게
제공한 식사를 하며 웃는 입 입

슬픔과 고통이 끝나는
상실의 정점이
그의 관속에 눕고 나도 누워
상주로 섰으며 조문객이 되어
국화 한 송이 들고 있다

그는 이미 별이 모이는
은하 저편 호수에 닿았으려나

몇 번의 겨울을 건너야 너를 만날까
닿지 못해 시들지 않은 추억은 넣어 두고

흰 국화 옆에 앉아 그가 준
마지막 육계장을 먹는다

◆해설

한 생애의 기억과 삶의 깊은 사유

허형만
(시인·목포대 명예교수)

1.

　추정희 시인의 시세계는 유년기 체험과 어머니에 대한 그리움을 통해 오늘의 삶을 살아가는 힘을 얻는다. 이는 얀 무카로브스키가 주장한 "시인의 삶과 작품은 서로 영향을 미치고 있다"는 말을 증명한 셈이다. 추정희 시인은 삶의 복판에 자신이 서 있음을 발견하고, 살아가는 중심의 존재 가치를 추구한다.
　"나이가 든다는 것은 살아온 기억들을 되돌아보고, 그것의 의미를 찾는 것이요, 그 기억들을 있는 그대로 받아들이고 기억에 예를 갖추는 것입니다." 프랭크 커닝햄이 자신의 저서 『나이듦의 품격』에서 한 말이다. 사람이 나이가 들면서 추억에 젖는 건 당연하다. 그래서 추억은 나이 든 자에게 당연한 권리이다.
　시인이 추억을 노래하고 다양한 사건과 성취를 오늘에 새삼 떠올림으로써 기억의 보고에 저장하려 하는 것은 그 자체가 그만큼 가치 있고 소중하기 때문이다. 쇠렌 키르케고르는 "인생은 앞을 내다보며 살아야 하지만 그것을 이해하려면 뒤를 돌아보아야 한다."는 유명한 말을 남겼다.

특히 기억 중에서도 유년 시절의 기억을 시인들이 작품으로 남기는 것은 오래되었다. 앞에서 시적 창조와 시인 연령의 상관관계에 대한 문제를 밝힌 얀 무카로브스키는 몇몇 문학적이거나 이론적인 경향에서 유년기 체험과 연관되는 것을 일반적으로 문학의 기본적인 특질의 하나로 간주하고 있다고 밝힌 바 있으니 추정희 시인의 작품을 실제로 보자. (그렇다고 해서 다른 시기가 문학적 창조에 연관되지 않는다는 것은 물론 아니다.)

> 햇볕 뜨거운 명석에 노란 기장 널리고
> 장대 쥔 손이 어린 병정 같았다
> 울타리엔 웃음 핀 무궁화, 그 옆
> 설익은 탱자는 시큼한 숨을 내뿜고
> 오동나무에 앉은 매미는 짝을 찾는 새들과
> 화음 맞춰 목청껏 노래를 뽐내는 팔월에
> 아이의 정신은 온통 팔려 있었지
> 불똥이 번쩍!
> 빨간 피가 아이의 볼을 타고 흐르고
> 놀란 참새와 닭들은 푸르르
> 도망가다 다시 돌아와
> 힐끗대며 기장을 쪼아 먹고
> 젊은 아낙의 떨리는 손이

아이의 이마에 된장을 붙였지
오동나무에 앉은 매미 소리 비명처럼
요란하던 여름 한복판
아이야! 푸른 강 저편에 아스라이 묻었던
녹슨 기억을 누군가 만지고 있다
젊은 아낙도 없는 먼 이야기를
─「기억 강너머」 전문

유년 시절, 장대를 손에 쥐고 마당 "햇볕 뜨거운 멍석"에 널어놓은 기장을 참새나 닭이 먹지 못하도록 지키고 있었던 기억이다. 기장은 쌀, 보리, 조, 콩과 함께 오곡 중의 하나로 이 식량을 지키기 위해 "아이의 정신은 온통 팔려 있었"던 기억, 그리고 그날 아이는 머리를 다쳐 "빨간 피가 볼을 타고 흐르"는 걸 본 "젊은 아낙"이 떨리는 손으로 "아이의 이마에 된장을 붙여"준 기억까지 리얼하게 묘사하고 있다. 화자는 이때의 상황을 이제는 "녹슨 기억"으로, 그 "녹슨 기억을 누군가 만지고 있는 것"으로 객관화함으로써 시적 거리를 유지하는 힘을 보여 준다. 물론 지금은 그날 상처에 된장을 붙여 주던 "젊은 아낙"은 없다. 그 "젊은 아낙"은 훗날 "박고지 소쿠리에 펴놓으며 추석 정과 준비하시던 딸 다섯 어무이"(「박고지」)이다. 뿐만아니라 "다섯 살의 여름"(「그해 여름・1」)이나, "부지깽이 휘적휘적 휘저어/쇠죽을 끓인"(「그해 겨울・2」) 유년의 기억도 있다. 그러나 시인은 스스로 "그만 놓아라/붙들지 말고/허기진 자아가 남루하게 펄럭이는/먼지꽃

신작로를 떠도는/반백의 아이의/잊을 수 없는 그해 이야기"(「그해 이야기·3」)로부터 해방되어 현실을 살아가고자 하는 의지도 보여준다.

> 풀기 잃은 휑한 눈
> 검불처럼 가벼워진 몸이
> 마른 눈물에 걸려 휘청인다
> 익모초처럼 쓰디쓴
> 똬리 튼 기억들
> 귀할 것 하나 없는 남루한 생을
> 풍차처럼 돌리며 놓지 못한 욕망의 고리
>
> 밥 먹어라
> 보채시던 어머니,
> 잔 근심 등허리에 두르고
> 어머니는 어린아이가 되었다
> 거울 앞에 서서
> 당신을 닮은 어미가
> 어머니를 만난다
> 거울 속의 눈물을 만난다
>
> —「거울 속의 눈물」

추정희 시인의 어머니에 대한 기억은 예로부터 약재로 널리 사용되어온 "엄나무 껍질 같은 삶"(「한줄기 수액으로」)이다. 어머니는 그만큼 시인에게 엄나무 약효만큼 귀한 존재이셨다. 그러나 말년의 어머니는 "풀기 잃은 휑한 눈/검불처럼 가벼워진 몸이/마른 눈물에 걸려 휘청인다/익모초처럼 쓰디쓴/똬리 튼 기억들" 그리고 이제는 "거울 앞에 서서/당신을 닮은 어미가/어머니를 만난다/거울 속의 눈물을" 만나는 현재의 심정은 처절하다. 어머니는 "귀할 것 하나 없는 남루한 생을" 살면서 욕망의 고리를 "풍차처럼 돌리며 놓지 못"하시면서 "노동으로 땀"이 밴 생을 사시더니 마침내 "잔 근심 등허리에 두르고" "어린아이가" 되셨다. 이런 어머니의 모성애가 안타까운 시인은 "오늘은 피보다 진한 한 줄기 수액으로/당신의 마른 가슴에 흐르고 싶"(「한 줄기 수액으로」)은 간절함으로 어머니를 부른다.

추정희 시인의 기억은 이처럼 어머니에 국한된 것만은 아니다. 어느 날 한강을 지나며 깜짝 소환된 기억 하나, 그것은 "기차역 앞/창백한 얼굴에 붉은 눈시울의 소년/던지듯 무엇을 주고 뛰어가 버린 열여섯의 소년" "풋과일 같은 시큼한 고백"(「꿈 한 조각」)이다. 이때가 시인에게는 들꽃 향 닮은 순수의 사랑이었음을 기억한다. 그런가 하면 "서른다섯/봄날이 지날 때/바람 날개가 그를 치므로/눈덩이처럼 부풀은 기다림이/쓴 뿌리를 내린"(「차마 어려운」) 적도 있었다. 그러나 "이젠 추억으로 가는 길도 찾을 수 없고/찾을 필요는 더더욱 없"(「철길」)음을 깨닫기에 이른다.

2.
하이데거는 "시인은 시를 쓰는 가운데 자기의 현존에서 있음직한 현존하는 것을 눈앞에 뚜렷하게 내보이게 된다."고 말한다. 이 '내보이게' 되는 존재는 사색을 통해서 이루어진다. 왜냐하면 시인이 쓰는 언어는 사색을 바탕으로 이루어지기 때문이다. 다시 말해 사색은 언어를 통해서 소우주적 존재를 만들어낸다. 시는 인간의 가장 심층적인 부분을 겨냥하면서 초합리적 세계의 '존재'를 암시하는데 그 사명이 있다고 말한 사람은 마르셀 레몽이며, 데리다의 용어를 따르면 '현존'이다. 인간 정신의 바탕 위에서 시인들이 자신의 경험, 즉 시적 경험을 통해 존재 가치를 드러내고자 한다. 추정희 시인도 이러한 시적 인식을 보여준다.

> 희끗희끗 눈발 날리는 날
> 그가 웃고 있다
> 그 아래로 상주 대신
> 흰 국화 무리
>
> 다만 재 항아리 속의
> 꺼질 듯한 향 냄새가 피어오를 뿐
> 그가 못내 서운해 할 지인에게
> 제공한 식사를 하며 웃는 입 입
>
> 슬픔과 고통이 끝나는
> 상실의 정점이
> 그의 관속에 눕고 나도 누워
> 상주로 섰으며 조문객이 되어
> 국화 한 송이 들고 있다

그는 이미 별이 모이는
은하 저편 호수에 닿았으려나

몇 번의 겨울을 건너야 너를 만날까
닿지 못해 시들지 않은 추억은 넣어 두고
흰 국화 옆에 앉아 그가 준
마지막 육개장을 먹는다

-「흰 국화 옆에」 전문

추정희 시인의 시는 객관적 시적 거리 속에서 시인의 자아가 존재하는 특징을 보여준다. 지금 이 시는 상가에서의 풍경으로 시인의 이동 시점이 잘 드러나 있다. 때는 "희끗희끗 눈발 날리는" 겨울이다. 제단에는 "흰 국화 무리"에 둘러싸인 "웃고 있"는 "그"의 초상화. 제단 아래에는 "꺼질듯한 향 냄새가 피어오"르는 "재 항아리"가 놓여 있고, 식사를 하면서 서로 "웃는 입 입"의 조문객. 이와 같은 상가의 풍경 제시는 우리 인간의 삶의 단면을 부각시키고자 하는 시인의 의도가 들어 있다. 이 의도는 삶과 죽음의 존재를 대비시킴으로써 존재에 대한 시적 인식을 더 강화하는 힘을 보여주는 데 있다.

그러나 3연 이후는 "슬픔과 고통이 끝나는/상실의 정점이/그의 관속에 눕고 나도" 눕는다는 대목에서 앞부분과 사뭇 다르게 전개된다. 영적으로는 "그"와 일치되면서도 육적으로는 상주이면서 조문객으로 "국화 한 송이 들고" 있다. 이것은 무엇을 의미하는가? 아마

죽은 "그"와 화자인 "나"는 아주 가까운, 친밀한 관계였음을 암시하고 있지 않을까? 그래서 "나"는 마침내 "닿지 못해 시들지 않은 추억은 넣어 두고", "그는 이미 별이 모이는/은하 저편 호수에 닿았으려나" 하고 그리움을 드러내기에 이른다.

 이처럼 추정희 시인의 시에는 시적 체험을 통한 존재에 대한 탐구가 자주 보인다. "가슴 펄럭이던 희망도/손끝에 매달린 슬픔도/밀어내고/죽음처럼 누워/생명의 자궁을 찾는"(「별이 쏟아진 그 밤」)가 하면, "살아가는 중심의 존재 가치를 뒤적거리"(「골목길」)면서 자신을 "우주를 찾아"(「떠도는 망부석」) 떠도는 유기견에 비유하기도 한다. 또한 "오늘의 복판에 내가 서 있"(「세월」)음을 확인하고, "온순한 샘물이 흐르는/봄처럼 따뜻한 심장을 위해/느려도 좋은/심화되지 않은 온도의 중심에서"(「이기적인 것」) 자신을 되돌아보며 이기적인 옷을 벗고자 하는 의지력은 시인의 시정신으로 읽힌다.

날 잊지 말아요
나의 첫울음과 함께한 계절을
당신이 씌워준 클로버 화관과
눈 덮인 인절미의 귀여운 모습을
하얀 꽃에 노란 수술 품은 남천의
전화위복의 꽃말을
코끝을 간질이던 유채꽃 향기와
꽃밭을 뒹굴던 솜털 같은 부드러운 가슴을

우리 사랑 영원할 줄 알았어요
이별이 무엇인지, 아픔이 무엇인지
꿈에도 몰랐어요
낯선 햇살에 찔려 화상을 입고
푸른 달빛에 온몸을 베어도
보고픈 마음 견딜 수 없어
창살 너머 달빛 속을 달려갑니다
당신의 눈은 눈물에 젖어 있네요
내 마음 당신에 묶여 있고
내 고향은 영원히 당신이니까
날 잊지 말아요
당신은 괜찮은가요

-「괜찮은가요」 전문

   추정희 시인의 삶 속에서의 존재 탐구와 시적 사유는 그리움이라는 감성의 폭을 넓히는데 기여한다. 그리움은 보고 싶어 그리워하는 마음으로 시인들의 작품 속에서 가장 많이 다루어지고 있는 감정 중 하나이다. 다만 표현과 사유의 차이만 있을 뿐이다. 이 시집의 표제는 인용 시의 맨 마지막 구절이다. "내 마음 당신에 묶여 있고/내 고향은 영원히 당신이니까" 당신이 평안해야 하고, 당신이 건강해야 하고, 그래야 서로가 정신적으로 사랑을 이어갈 수 있으리라는 희망이 유지될 수 있을 터. 이 희망의 바탕 위에서 비로소 "날 잊지 말아요"라는 당부가 "당신"에게 전달될 것이다.

   그러면 시인은 왜 날 잊지 말아 달라고 당부하는가? 그 이유는 "영원할 줄 알았"던 "우리 사랑"이 지속되지 못했기 때문이다. 한때 "우리 사랑"은 "코끝을 간질이던 유채꽃 향기와/꽃밭을 뒹굴던 솜털 같은 부드러운 가슴"의 황홀감에 찼으나 "꿈에도 몰랐던" "이별"의 순간이 왔고, 그리하여 "낯선 햇살에 찔려 화상을 입고/푸른 달빛에 온몸을 베"이는 "아픔"을 겪으면서도 "보고픈 마음 견딜 수 없어/창살 너머 달빛 속을 달려"가는 처절함을 가감 없이 드러내고 있다.

추정희 시인의 그리움에는 내 마음 묶여 있는 당신뿐만 아니라 손주들이 왔다가 떠난 뒤 "아이들 휩쓸고 간 자리에 청명한 웃음소리/귓가에 낭자하고/허황한 빈 자리에 그리움만 쌓이는/초라한 저녁"(「난 자리」)이 있고, "긴 밤/당신의 영혼을 포근히 감싸는/그대 빈 집"(「그대의 빈 집」)이 있다. 나아가 "고요가 가라앉은 새벽에 앉아/깃털보다 부드러운 님의 소리/심상에서 듣는다/누구나 듣는/아무도 모르는 첫 경험"(「음성을 듣는다」)도 있다.

3.

추정희 시인의 시에는 자연(사물)과 자아가 함께 어우러진 작품이 많다. "시를 지을 때 반드시 정(情)이 경(景)과 만나고, 경은 정과 합해져야만 비로소 함께 시를 말할 수 있다". 명나라 도목(都穆)의 말이다. 추정희 시인의 자연관은 단순한 관찰이 아닌 우주 속에서의 생명성을 내포한다.

약속처럼 헤어졌다
소식도 없던 그의 거나한 얼굴이
무심히 돌아와
담장에 기대어 있다

멀리서도 다가오게 하는
그의 다감한 얼굴
속절없는 달콤한 분노가
저편에서 젖어오면

시간에 갇힌
그리움이
불꽃처럼 타오르고

석양에 비친
다홍빛 그의 모습에
속없이 또 설레고 있다

-「능소화」 전문

 능소화는 여름에 피는 나팔꽃 모양 주황색 꽃으로 잔디밭의 고목을 타고 올라가기도 하고 건물의 벽이나 고가(古家)의 벽돌 굴뚝을 오르며 피어있는 것을 볼 수 있다. 이 시에서는 능소화가 "무심히 돌아와/담장에 기대어 있는" "약속처럼 헤어졌다/소식도 없던 그의 거나한 얼굴"로 치환되어 있다. 물론 "그"는 헤어져 그동안 소식이 없던 사람이다. 그런데 여름 되니 "멀리서도" 금방 알아보고 다가오게 하는 "다감한 얼굴"로 담장에 기대어 있는 것이다. 그러나 마냥 반가운 것만은 아니다. 헤어진 후 소식 한번 없는 그 무심함과 야속함이 "속절없는 달콤한 분노"를 불러일으키게 한다. 그야말로 "시간에 갇힌 그리움"이 "불꽃처럼 타오르게 하는 꽃"이 바로 능소화인 셈이다. "그"라는 옛 연인이면서 동시에 꽃인 이중의 이미지인 능소화를 통해 이처럼 리얼한 감정의 폭을 넓힌 시도 드물다.

이처럼 자연, 즉 경(景)으로서의 사물을 정(情)으로 함께 녹여내는 시심은 「능소화」뿐만 아니다. 외딴길 모퉁이 낙엽 쌓인 척박한 곳에 피어난 나팔꽃을 향해 "너랑 나랑/시들지 않은 언어로 집을 지어/영원한 생명의 꽃 피어보자"(「나팔꽃」)고 청하거나 "봄의 들판에서 하늘 연 달까지/태양의 눈으로 하얗게 웃음 피는/평화를 닮은 데이지꽃을/닮고 싶"(「데이지꽃」)어하는 시인의 속내를 한사코 숨기지 않는 물아일체의 정신도 보여준다. 또한 아까시나무에서 "바람에 흩날리는 향기/그대가 되어/세상 가득 그리움으로/출렁이면/그대 속에 나 흠뻑 취"(「향기에 취해」)한다고 고백하는가 하면 외로이 떠도는 민들레 홀씨를 후 불며 "모질고 외지고 척박한 곳 말고/사랑이 곱게 키워질 곳으로/ 데려가 달라고"(「바람아 부탁해」) 바람에게 부탁하는 생명 정신도 감동적이다.

낙엽 타는 냄새가 짙을 때
갈잎 태우신 이 누구세요
파릇이 눈떠 뾰죽하게 내민 잎새로

꽃 향기 나부끼게 하신 이 누군가요
산과 들 신록과 아울러 끝없는 수평선
푸른 바다의 너울진 흰 물결 위에
갈매기 노닐게 하신 이 누구세요
비와 바람과 햇빛으로 생명을 키워
싹이 꽃이 되고 나무가 되어
수많은 열매를 맺게 하신 이 누구시며
세상 온통 물감을 뿌려 아름다운
수채화를 그리신 이 누군가요
흩어진 낙엽을 모아 이불을 짓고
함박눈으로 포근히 땅을 감싸 안아
혹한의 긴 겨울을 나게 하신 섬세하신 분
길고 깊은 적요의 시간에 홀로 있게 마시고
나와 함께하셔서 고요한 중에 세밀하게
내면의 나 보게 하소서
타성에 젖지 않은 이웃에게 말고
나에게 적용하는 눈이 열리고
모든 일에 감사하는 입술이게 하소서
갈잎 태우시는 분
지금 여기 계신가요
이 가을 기도합니다

-「가을의 기도」 전문

   많은 시인들이 가을이면 기도의 시를 쓴다. 추정희 시인 역시 가을의 기도를 우리에게 들려준다. 그런데 청유형이나 긍정형이 아닌 의문형으로 기도의 형식을 전개하는 특징을 보여준다. 또한 시인 자신이 믿고 의지하는 신을 향한 기도가 일반적인 기도의 양식인데 추정희 시인은 "누구세요", "누군가요"의 질문 형태를 취하면서 전개하다가 후반부에 이르러 비로소 "섬세하신 분"으로 기도의 대상을 밝힌다. 이러한 기도의 대상은 일반 시인들과는 다른 상당히 독특한 추정희 시인만의 시적 표현으로 보인다.

또한 이 작품은 가을에 "낙엽 타는 냄새"로 시작하여 "파릇이 눈떠 삐죽하게 내민 잎새로/꽃 향기 나부끼"는 봄과 "산과 들 신록"의 여름, "수많은 열매를 맺게 하신" 가을, "함박눈으로 포근히 땅을 감싸 안"은 겨울과 같이 사계절의 순환을 제시하면서 이러한 순환의 생명을 만들고 이끄시는 분, 즉 "섬세하신 분"을 찬미하고 찬양하는 내적 이미지를 담고 있다.

그러나 이 시가 '기도'인 만큼 시인이 "섬세하신 분"에게 올리는 기도의 내용이 빠질 수는 없다. 그 기도의 내용은 두 가지로 "길고 깊은 적요의 시간에 홀로 있게 마시고/나와 함께하셔서 고요한 중에 세밀하게/내면의 나 보게 하소서"가 첫 번째이고, "타성에 젖지 않은 이웃에게 말고/나에게 적용하는 눈이 열리고/모든 일에 감사하는 입술이게 하소서"가 두 번째이다.

이 두 가지의 가을 기도는 내용상 추정희 시인의 내적 성찰과 삶의 정신을 보여준다. 프랑스의 노벨문학상 수상 작가인 르 클레지오는 "언어는 성취이지 도구가 아니다"라고 말한 바 있다. 추정희 시인의 이 가을의 기도문이 곧 도구로서의 언어가 아니라 성취로서의 언어임을 보여주는 예라고 볼 수 있겠다. 마치 "당신에게서/가을 장미 냄새가"(「봄꽃 진 자리에 가을이」) 나듯, "끓어오른 사랑 하나/초록의 봄이 열"(「봄이 오는 길」)리듯. 추정희 시인의 기억과 존재의 성찰, 사유의 깊이가 어찌 보면 모두 이 「가을의 기도」에 모두 흡수된 듯하다.

순수시선 690

당신은
괜찮은가요

추정희 지음

2025. 3. 10. 초판
2025. 3. 15. 발행

발행처 · 순수문학사
출판주간 · 朴永河
등 록 제2-1572호

서울 중구 퇴계로48길 11, 협성BD 202호
TEL (02) 2277-6637~8
FAX (02) 2279-7995
E-mail ; seonsookr@hanmail.net

· 저자와의 합의하에 인지를 생략함
· 잘못된 책은 바꾸어 드립니다

ISBN 979-11-91153-77-4

가격 15,000원